Resolver proble[illegible]

Un libro sobre el Método científico

Rachel M. Chappell

rourkeeducationalmedia.com

www.rourkeeducationalmedia.com

PHOTO CREDITS: title page © Sebastian Kaulitzki; page 4 © Elaine Davis; page 5 © Paulaphoto; page 6 © Vadim Koziovsky; page 7 © Patrick Hermans; page 8 © Philip Date; page 9 © Sebastian Kaulitzki; page 10 © Kanwarjit Singh Boparai; page 11 © Sonja Foos; page 12 © Sebastian Kaulitzki; page 14 © Galina Barskaya; page 15 © Patrick Hermans; page 16 © Costing Cojocavu; page 20 © Leah-Anne Thompson; page 22 © Hashim Pudiyapura.

Editor: Robert Stengard-Olliges

Cover design by Michelle Moore

Editorial/Production services in Spanish
by Cambridge BrickHouse, Inc.
www.cambridgebh.com

Chappell, Rachel M.
Resolver problemas cientificos: Un libro sobre el Método científico / Rachel M. Chappell.
ISBN 978-1-62717-267-7 (soft cover - Spanish)
ISBN 978-1-62717-463-3 (e-Book - Spanish)
ISBN 978-1-60044-703-7 (soft cover - English)

Printed in China, FOFO I - Production Company
Shenzhen, Guangdong Province

rourkeeducationalmedia.com

customerservice@rourkeeducationalmedia.com • PO Box 643328 Vero Beach, Florida 32964

Contenido

Hacer preguntas e investigar

Mmm… ¿Te haces **preguntas** sobre algo alguna vez? Los científicos se hacen preguntas sobre muchas cosas. Cuando los científicos tienen preguntas que quieren responder llevan a cabo un proceso para encontrar la solución.

Los científicos comienzan con una pregunta. Luego, **investigan** la información que existe sobre su pregunta o problema.

Yayma piensa como una científica y hace muchas preguntas. Hoy se pregunta, "¿Qué marca de líquido de burbujas de baño hace más burbujas?". Yayma usa los libros y la internet para buscar información sobre las burbujas. Ella descubre cómo se forman las burbujas y las diferentes disoluciones que se emplean para hacerlas.

Formar una hipótesis

Después, los científicos hacen una suposición inteligente o **hipótesis**. La hipótesis es lo que los científicos piensan que es la respuesta a la pregunta que se están haciendo.

Yayma escoge tres marcas de líquido de burbujas de baño para compararlas. Ella se plantea la hipótesis de que la más cara producirá la mayor cantidad de burbujas.

Recopilar materiales

Recopilar materiales y **experimentar** son los dos pasos que siguen en el proceso. Los científicos recopilan sus materiales, configuran el experimento y llevan a cabo el experimento para probar sus hipótesis.

Materiales que Yayma necesita

- tres recipientes transparentes de 1 litro, etiquetados A, B, C
- tres tipos de líquido de burbujas de baño etiquetados A, B, C
- agua
- pajillas
- reloj
- regla

Ensayos y variables

Durante los experimentos, los científicos siempre efectúan varias pruebas. Ellos les llaman **ensayos** de prueba. En cada ensayo, los científicos solo cambian una cosa.

Yayma pone la misma cantidad de agua y de líquido de burbujas de baño en cada recipiente para hacer cada prueba. El único cambio, o **variable**, es la marca del líquido de burbujas de baño que usa.

Experimentar

Los científicos llevan **diarios** de trabajo mientras investigan y experimentan. Allí anotan informaciones importantes, números, tablas, gráficos, **observaciones** y **resultados**.

Pasos para probar los líquidos de burbujas de baño

1. Verter 100 ml de agua en el recipiente A. Verter 10 ml de líquido de burbujas de baño A en el mismo recipiente.
2. Poner la pajilla en la mezcla y soplar durante 5 segundos.
3. Medir la altura de las burbujas con la regla, comenzando desde el nivel del agua.
4. Repetir los pasos uno a tres con los líquidos B y C.
5. Repetir todo dos veces más.
6. Anotar los resultados en la tabla cada vez.

Después, Yayma sigue los pasos y realiza el experimento.

Pone la pajilla en el recipiente.

Sopla por 5 segundos.

Mide la altura de las burbujas desde el nivel del agua.

Repite lo mismo en los otros recipientes.

Resultados y conclusiones

Después de cada prueba, los científicos anotan sus resultados. Para esto usan **tablas** y gráficos que muestran lo que aprendieron durante los experimentos.

Resultados del experimento del líquido de burbujas de baño

Líquido de burbuja de baño	Ensayo 1	Ensayo 2	Ensayo 3
A (más barato)	6 cm	9 cm	8 cm
B (más caro)	5 cm	6 cm	5 cm

Yayma usa la computadora para crear una tabla donde hacer un reporte de los resultados de su experimento con los líquidos de burbujas de baño.

Llegar a una **conclusión** es el próximo paso del proceso. Una conclusión científica es lo que aprendió el científico al analizar los resultados de su experimento.

La hipótesis de Yayma es incorrecta. En casi todos los ensayos, la muestra A, la del líquido de burbujas de baño más barato, produjo más burbujas. ¡Vaya sorpresa!

Compartir los descubrimientos

Los científicos escriben reportes y dan charlas para que todos se beneficien de lo que aprendieron al hacer sus preguntas, de lo que investigaron y experimentaron.

Yayma también comparte su descubrimiento. ¡Ahora todos sus compañeros de clase saben qué líquido de burbujas de baño deben comprar si quieren hacer muchas burbujas!

Glosario

conclusión – inferencia o deducción que se saca después de ver los resultados de un experimento

ensayos – grupo de pruebas en un experimento

experimentos – pruebas o ensayos hechos con el objetivo de descubrir algo nuevo o de probar algo

hipótesis – suposición razonable

investigación – investigar un tema para poder descubrir o comprobar datos

observación – el acto de notar y anotar algo

pregunta – problema que se discute, el tema de investigación

resultados – consecuencias o efectos o de un experimento

variable – algo que cambia

índice

Libros

Ardley, Neil. *101 Great Science Experiments*. DK Publishing, 2006.
Freeman, Marcia S. and Sheehan, Thomas F. *You are a Scientist*. Rourke Classroom Resources, 2004.
Whitley, Peggy. *99 Jumpstarts for Kid's Science Research.* Libraries Unlimited, 2006.

Sitios de la internet

homeschooling.gomilpitas.com/explore
www.biology4kids.com
www.uga.edu/srel/kidsdoscience/kidsdoscience.htm

Sobre la autora

Rachel M. Chappell se graduó de la Universidad de South Florida. A ella le gusta enseñar a los niños y a los maestros. Ella vive en Sarasota, Florida, y le encanta escribir y leer en su tiempo libre. Su familia la integran su esposo, un hijo y un perro que se llama Sadie.